DE LA CHAMBRE
DES DÉPUTÉS,

Par M. P. LARRIEU,

Avocat à la Cour royale de Paris, Maire et
Électeur (6e. Arrondissement de Seine-
et-Oise).

Motos præstat componere fluctus....

PARIS,

Chez { TESTU et Ce. rue Hautefeuille, no. 13.
{ PÉLICIER, Libraire, au Palais-Royal.

AOÛT 1815.

DE LA CHAMBRE
DES DÉPUTÉS.

La puissance législative, entièrement distincte de la puissance exécutive, s'exerce collectivement par le Roi, la Chambre des Pairs, et la Chambre des Députés de chaque département. . . . . Si les Etats généraux, et successivement les diverses Assemblées nationales appelées à modifier les institutions monarchiques, n'eussent point dépassé ces limites, la France aurait eu à recueillir les heureux fruits de la sagesse, et n'eût point vu s'amonceler les désastres d'un déplorable délire.

Loin de là, un innombrable et dangereux essaim de réformateurs s'est précipité ; des furieux, sous le nom de législateurs , ont exploité à leur profit le trésor public ; les fortunes privées , les postes militaires et administratifs , les magistratures , les ressources du commerce et de l'industrie, le sang même des citoyens, l'anarchie et le despotisme, marquant tour à tour leurs ravages, celui là parlait de civilisation , qui reniait tout ensemble son Dieu, sa Patrie et son Roi.

Bientôt un soldat étranger s'est formé une couronne sanglante des débris du chaos politique ; l'audace d'un seul parut d'abord un frein aux ambitieux excès de plusieurs, mais armé du faisceau monstrueux des pouvoirs réunis et confondus, le tyran s'est montré. De nombreuses cohortes entraînées par le courage, séduites par les amorces de la gloire militaire, trompées dans le but de leurs efforts, lui ont applani le chemin de la dévastation. Le fléau d'un embrasement universel atteste que le génie du mal a trop long-tems régné. Un pouvoir subrepticement usurpé, hors des lois et du cours de toutes choses, n'ayant pas même le respect de ceux qui y étaient soumis, ne pouvait durer. Les Princes et les Peuples de la terre se sont soulevés, et la double chute de l'ennemi du genre humain a signalé l'énormité de ses attentats.

Au milieu de ces tems d'une agitation convulsive, se sont élevées cependant une législation civile uniforme, une législation criminelle améliorée : des hommes réellement citoyens ont posé les principes d'une sage liberté, si différens des horreurs de la licence ; leur voix courageuse a proclamé le retour à l'état monarchique, comme essentiellement constitutif du repos d'un grand peuple, l'expérience a démontré que la loi exigeait le concours du Prince et des Sujets, la raison s'est fait jour à travers les orages ; l'œil raffermi, détourne enfin ses regards du passé, et les prolonge avec complaisance vers l'avenir.

La France veut un Roi, parce qu'elle a appris à être libre ; elle veut un Roi, parce que les lois, dont toute liberté dépend, ne sont rien sans exécution, et que leur exécution, remise à un Monarque, devient assurée ; tandis qu'elles restent sans force et sans action aux mains de plusieurs gouvernans, tandis que la loi elle-même disparaît sous le joug d'un despote.

La France, en harmonie avec le système européen, veut que le Trône ne puisse cesser d'être dévolu au seul Prince héréditaire et légitime ; non pas, suivant la mauvaise foi d'une critique scandaleuse, que les Peuples soient la propriété des Souverains, mais parce que les Peuples reconnaissent l'hérédité et la légitimité, comme la plus puissante garantie contre les déchiremens qu'elles préviennent ou compriment.

Un Prince issu de la race antique de nos Souverains, ressaisit le sceptre ; Roi consolateur ! il vient mettre un terme à de longues souffrances; seul dépositaire et moteur de la force exécutrice, le pouvoir législatif, qui en est la vie, sera réparti collectivement entre le Chef auguste, les dignitaires appuis du trône, et le Peuple fidèle.

D'après cette sage division de la puissance législative, qu'est-ce qu'une chambre des Députés ? La réunion des mandataires chargés pour le Peuple de coopérer collectivement avec le Roi et les Pairs, aux lois de l'Etat.

Le premier devoir des Membres de la chambre est de se renfermer strictement dans le cercle de leur attribution simplement collective ; au-delà, le désordre

reparaît , les révolutions se perpétuent ;
le mandataire infidèle et séditieux remet
en question les destinées de la patrie ; sa
main cruelle rétablit les plaies qui se sont
ouvertes à l'instant où une doctrine fu-
neste a séparé le Monarque des Sujets, en
attribuant aux Représentans de ceux - ci
l'*entier pouvoir législatif* à l'exclusion du
Chef de l'Etat. Quiconque n'abjurerait pas
cette hérésie politique, cause première de
tant de maux à réparer, n'est point ad-
missible au nombre des Députés.

Une chambre de Députés étant la réunion de mandataires chargés d'élaborer les
immenses détails de la législation positive,
c'est-à-dire les règles , conformes au rap-
port des différens Peuples entre eux, du
gouvernant et des gouvernés , et de ces
derniers entre chacun d'eux : il ne fut
jamais plus essentiel de se bien pénétrer
de l'importance des choix.

Le diplomate habile , le savant admi-
nistrateur , le magistrat, le jurisconsulte
profond , le grand capitaine , l'homme
versé dans les matières de religion et de
morale , dans les arts , l'agriculture et le

commerce, tous doivent se retrouver au code politique et civil des Nations : ces pages de la raison humaine doivent offrir le précieux résultat de leurs lumières.

Nul sans doute ne serait digne du titre de législateur, s'il fallait pour en être honoré réunir les vastes connaissances dont se compose l'ordonnance des lois, mais au moins faut-il que nul n'y prétende sans apporter une part du tribut nécessaire à leur formation. Une chambre des Députés n'admet aucun membre inutile.

L'opération si importante de préparer et consentir les lois, réclame les hommes qui ont médité les moyens de maintenir la balance qui sera établie entre les différens Peuples, de prévenir entre eux la tendance à l'oppression, de leur imprimer à tous une action réciproque qui leur assure les avantages et les plaisirs du rapprochement et des communications. A leur voix ne se releveront jamais ces formidables conscriptions, qui reportent les sociétés au tems sauvage et barbare, où le droit, toujours injuste, de la force était le seul régulateur. Le recrutement des armées aura

pour unique mesure le besoin d'une dé-
fense légitime, sans égard aux calculs de
la dangereuse ambition. Alors l'excès de
l'impôt, auquel les milices nombreuses
servent de motif et souvent de prétexte,
n'énervera plus les Nations, l'épuisement
ne les disposera plus à la servitude.

L'œuvre des lois appartient encore à
celui dont les conceptions, quoique res-
treintes au régime intérieur de l'Etat, em-
brassent d'un coup-d'œil les ressources
de sa prospérité, connaissent le secret de
les diriger et de les étendre, savent fixer
l'équilibre entre les recettes et les dé-
penses, combiner l'intérêt des localités, et
les coordonner avec le plus grand avan-
tage de l'ensemble territorial. De ces gé-
nies laborieux on obtiendra des lois de
finances et de commerce, desquelles dis-
paraîtront les erreurs du faux esprit de
système, les vexations du fisc, la cupidité
des traitans.

Ceux qui, dans la carrière des armes,
soumettent le courage aux règles de la
discipline, de l'honneur et de la fidélité ne
seront pas moins utiles ; les lois militaires,

formées par leur concours, porteront l'empreinte de ces nobles caractères.

Il est sur-tout indispensable de confier le dépôt de la puissance législative à un certain nombre d'hommes distingués dans les diverses parties de l'ordre judiciaire. Elevés aux saines idées de justice distributive, ils savent que pour les peuples elle est le besoin de tous les jours et de tous les instans, que son exactitude rigoureuse forme le lien le plus étroit entre eux et le Souverain; instruits pour ainsi dire à l'école pratique des lois, ils apprendront à ne pas confondre celles qui doivent être d'une utile application avec les rêves séduisans qui n'offrent que le vernis d'une brillante théorie, et c'est ainsi que les dispositions inutiles n'affaibliront plus les lois nécessaires ; initiés au mécanisme propre à la législation, on retrouvera dans leur ouvrage la précision, la simplicité de style, l'économie des modifications et des exceptions, le rejet du vague et des subtilités, le développement de motifs graves sans ostentation et suffisans pour toucher la raison sans la contraindre.

Si on appelle à la chambre des Députés ceux qui approchent des autels, que toujours les regards se fixent sur les personnages vénérables qui séparent la religion du fanatisme; c'est à eux à faire comprendre ce que peut ajouter aux lois politiques ou civiles, la force des conseils et des préceptes d'une piété salutaire, d'une morale épurée, qui ont pour but, comme les lois politiques et civiles, de perfectionner les institutions sociales; le véritable esprit divin souffle l'esprit de paix, il inspire les lois de tolérance qui ne sont point incompatibles avec les diverses religions, et le besoin pour chaque Etat de voir la sienne respectée.

La composition d'une chambre de députés doit être telle que les membres, aux connaissances indiquées, aux conditions d'éligibilité que la loi impose, joignent l'éducation et les mœurs; il ont cette sorte d'empire, qu'il leur suffit de montrer le bien pour inviter à le suivre.

La publicité des discussions exclusivement réservée à la chambre des Députés exige dans son sein quelques orateurs :

mais l'éloquence du législateur doit être douce et persuasive ; elle proscrit les cris de l'énergumène, de l'opiniâtre esprit de parti, qui de la tribune retentissent jusqu'au milieu des cercles, des amis et des familles, y apportent le venin contagieux, dont la jeunesse et l'enfance même ne sont point préservées. Un orateur de la chambre des Députés, suivant l'occasion, doit reproduire en ses discours la sociabilité d'humeur, la franchise, la facilité de communication et d'épanchement, une sorte de vivacité, le goût exquis des convenances, la générosité du courage, les maximes d'honneur : heureux assemblage, qui fut toujours le signe distinctif du caractère national, et dont le maintien seul peut assurer une entière restauration.

Le droit de surveiller le maintien des lois est du domaine spécial de la chambre des Députés ; sentinelle avancée pour jeter le cri d'alarme contre les prévarications des agens auxquels le Chef de l'Etat se confie dans l'exercice de son autorité ; elle est chargée d'accuser et de traduire en jugement le ministère qui se rendrait coupable. Cette faculté garantit le repos de tous ; mais son usage exige des Membres de la chambre, clairvoyance et circonspection, examen réfléchi, absence de toute passion, impartialité rigoureuse ; autrement on verrait s'élever des querelles injustes et envenimées ; de ce combat renaîtrait le péril d'affaiblir le pouvoir d'exécution, et de l'attirer insensiblement à ceux qui ont sur-tout à s'en abstenir. Sous le prétexte de venger l'outrage fait à la loi, le Député deviendrait lui-même prévaricateur.

La chambre prochaine des Députés aura enfin une tâche particulière à remplir : ce ne sera pas de reconquérir au Monarque les cœurs de l'immense majorité de son Peuple, ils volent au-devant de lui ; mais de rendre à sa bonté quelques sujets égarés qui, effrayés d'inquiétudes chimériques, sur l'immutabilité des propriétés nationales, le retour des dîmes, des droits féodaux, n'ont pas compris combien l'empire du tems est supérieur aux tentatives du regret, et se sont légèrement abandonnés au doute injurieux des saintes promesses de leur Roi. L'endurcissement d'un bien petit nombre résistera aux Mandataires, qui seront les organes d'une confiance permanente ; les députés , pressés autour du Trône , rassureront toutes les craintes ; l'exemple de leur union conduira au ralliement sincère d'un peuple irrévocablement réconcilié. L'attitude de cet accord cimenté sous l'œil même des Puissances, deviendra le gage de la paix du Monde, qu'elles ont proclamée être l'unique but de leur concours. La France, rendue à toute la dignité nationale , verra cesser la honte d'un état perplexe et cruellement équivoque.

Quel vaste champ d'une gloire incomparable! Qu'il faut être heureusement doué pour le parcourir ! L'exercice de la puissance législative se montre de toutes parts hérissé de difficultés ; et cependant on se porte en foule vers le sanctuaire des lois. Cette excessive confiance décèle les vues de l'ambition, bien plus que le désir d'être utile ; elle avertit les Electeurs des dangers d'une indifférence coupable dans leurs suffrages. La juste répartition dans les pouvoirs ; les meilleures institutions ne seront rien ; on ne peut en attendre aucun fruit, tant que les instrumens qui les féconde seront pris comme au hasard, et sans examen de leurs propriétés fertilisantes.

Au soin de composer la chambre des Députés, et de confier l'exercice des fonctions qui lui sont attribuées en des mains capables d'en exprimer les bienfaits, est attaché le salut de l'Etat. L'époque où la France déplore les longs revers qu'enfanta l'égoïsme doit être celle de ne plus s'abandonner en victime aux brigues de l'intérêt personnel. L'épreuve du malheur devient, pour un Peuple magnanime, le signal du retour aux principes d'une solide grandeur. Dans un état libre monarchique, ils se combinent tous d'un égal amour pour le Prince et la Patrie.

F I N.

TESTU, Imprimeur de Mgr. le Duc d'ORLÉANS et Mgr. le Prince de CONDÉ, rue Hautefeuille, n°. 13.